Dieser Band erscheint in der Reihe V.I.P. music

V.I.P. ist ein Imprint der Paul Zsolnay Verlag Ges.m.b.H., Wien

Originalausgabe

Textbearbeitung:
Petra Raszkowski
Titelgestaltung:
Seibold Medien
Innenlayout, Produktion:
Seibold Medien
Druck und Bindung:
VPM, Rastatt

Printed in Germany 1993
ISBN 3-552-05114-7

Titelfoto: Kevin Mazur/LFI/Photo Selection

Bildquellen Innenteil: Robert John/LFI – S. 26; Ross Marino/LFI – S. 1; Phil Nicholls/LFI – S. 12; Kevin Mazur/LFI – S. 23; Dave Plastik/LFI – S. 29 (unten); Ian Tilton/Retna – S. 10, 11, 14, 16, 31; Gene Kirkland/Retna – S. 9, 13 (links), 17, 19, 20, 21, 22, 25, 27; Ira Rosenson/Retna – S. 4; Neal Preston/Retna – S. 6, 15; Michael Putland/Retna – S. 8/9, 29 (oben); Retna – S. 32; Mark Weiss/idols – S. 5, 28 – alle Photo Selection; Robert John/MCA – S. 2, 3, 13 (unten), 18, 24, Poster; MCA – S. 7.

Guns N' Roses

Slash im Interview mit ME/Sounds: »Ich frage mich oft, ob man sich in 20 Jahren noch an uns erinnern kann. Ich frage mich sowieso, ob die 90er irgendwelche Bedeutung haben, denn in puncto Musik ist so gut wie nichts passiert, finde ich. Was werden sie also mit uns machen? Werden sie uns einen Heiligenschein verpassen wie Led Zeppelin, oder wird uns das gleiche Schicksal ereilen wie Aerosmith – eine Megaband, die sie irgendwann ganz schnell wieder vergessen?«

Guns N' Roses sind die größte Rock'n'Roll-Band der Welt, schrieb das berühmte Rockmagazin The Rolling Stone, nachdem die Gunners 1988 mit ihrem Album Appetite For Destruction ihrem bisherigen Höhenflug die Krone aufgesetzt hatten. Und obwohl sie cool abtaten: »Wir haben nie behauptet, die beste Rock'n'Roll-Band der Welt zu sein, und wollen auch nicht dafür gehalten werden«, ist dieser Ausspruch inzwischen schon Legende. Genau wie die Band selbst, die 1987 plötzlich aus dem Nichts auf der Bildfläche erschien, sämtliche Manager-Weisheiten ignorierte, sich einen Dreck um ihren schlechten Einfluß auf ihre jugendlichen Fans kümmerte und dem Rest der zu mehr oder weniger kultivierten Auftritts-Marionetten verkommenen Rockstars vorlebte, was es hieß, eine waschechte Rockband zu sein. Skandale, Drogen, Verhaftungen, Gewalt und Sex – Guns N' Roses ließen nichts aus. Nichts wurde ängstlich verborgen. Da war kein gemachtes Image. Da waren keine säuberlich austaxierten Äußerungen, kein aufgesetzter Pseudo-Vandalismus und auch kein jugendfreundliches Flausch-Rocker-Image. Da waren nur W. Axl Rose, Slash, Steven Adler, Duff McKagan und Izzy Stradlin. Ein Haufen abgerissener Jungs aus den schmutzigen Vororten von Hollywood. Während die meisten Szene-Insider das Ur-Bild vom harten Rocker in vor Dreck starrenden Jeans und schweißiger Lederjacke schon längst als altmodisches Trugbild in der Mottenkiste vergraben hatten, konnten jetzt die wenigen, die dieser typischen Form der Rockband treu geblieben waren, triumphieren. Er war also doch nicht tot – der Rock'n'Roll.

Ein abgerissener Haufen – Hungerjahre in L.A.

Wann sich die fünf Gunners auf dem Sunset Boulevard in Los Angeles tatsächlich über den Weg gelaufen sind, darüber streiten sie sich wahrscheinlich selbst. Sicher ist jedoch, daß W. Axl Rose, nach eigener Aussage das wichtigste Mitglied dieser außergewöhnlichen Rockband, irgendwann im Jahr 1982 sein biederes Zuhause in Lafayette/Indiana satt hatte, seine paar zerrissenen Jeans, Cowboystiefel und zerlumpten T-Shirts mit Aufdrucken von den Eagles und Nazareth einpackte und sich auf den Weg in die Metropole des amerikanischen Rock'n'Roll machte: nach Los Angeles.

Damals hieß das heutige Rock-Sex-Symbol noch William Bailey. Er stammte aus einer streng religiösen Familie. Sein Vater William schickte seinen Erstgeborenen und dessen jüngeren Bruder Stuart in den Kirchenchor, zu Bibelwettbewerben und in die Sonntagsschule. Schlechte Noten honorierte der despotische Vater ebenso mit brutalen Schlägen wie nicht auswendig gelernte Bibeltexte oder vergessene Kirchenbesuche. »Meine Eltern haben mich nach dem Motto erzogen: Wer die Rute spart, verzieht sein Kind«, erinnert sich Axl heute. »Es war in Ordnung, seine Kinder zu schlagen. Diese Dinge haben sich ganz tief in meiner Persönlichkeit festgesetzt, und ich hatte sehr schwer damit zu kämpfen. Heute gehe ich fünfmal in der Woche zum Psychiater, und es geht mir jetzt viel besser. Der Heilungsprozeß besteht darin, in die Vergangenheit zurückzugehen, die Wut und den Schmerz noch einmal zu erleben und dann seinen Frieden damit zu machen.«

Neben Schlägen mußte Axl von seinem Vater auch sexuelle Mißhandlungen erdulden. Eine Erklärung, warum er, inzwischen 31, seine eigenen Aggressionen niemals in den Griff bekommen hat. Auch wenn Axl heute die Ursachen kennt, so gesteht er doch: »Man hält manchmal an solchen Aggressionen fest, auch wenn sie eigentlich negativ sind, nur weil man sie eben genau kennt. Man klammert sich aus Angst vor dem Unbekannten an solchen Gefühlen fest. Wenn dir eine gewisse Wut immer geholfen hat, mit der Welt fertig zu werden, behältst du sie eben bei, anstatt zu lernen, dich anders zu verteidigen. Du hältst an Ängsten oder Frustrationen fest, weil sie so sehr ein Teil deiner selbst sind, daß du dir nicht vorstellen kannst, ohne sie zu überleben. Natürlich wärst du ohne sie besser dran, aber erklär das mal deinem Unterbewußtsein.«

Natürlich sind eben diese Aggressionen auch mit ein Grund für den Mega-Erfolg, den Guns N' Roses haben, denn Rock'n'Roll bedeutet nun mal nicht Friedfertigkeit, Zahmheit und soziales Verhalten, sondern Aggression, Rebellion und andere negative Gefühle. »Wenn ein Rockmusiker auf der Bühne steht, jubelt ihm zwar das Publikum zu, aber andererseits will die Menge gleichzeitig Blut sehen. Wenn es dir gelingt, diese ungeheure negative Energie in positive umzusetzen, hast du es geschafft, bist du erfolgreich«, bestätigt Axl, »wenn nicht, gehst du unter. Es ist eine Art ständiger Kampf zwischen mir und dem Publikum, der für mich manchmal kaum noch zu schaffen ist.«

Auch nach dem Tod seines Vaters gelang es Axl zunächst nicht, sich aus seiner manischen Depression und seiner psychischen Unterdrückung zu befreien. Als seine Mutter Sharon schließlich wieder heiratete und Axl mit ansehen mußte, wie sich sein Stiefvater L. Stephen an seiner Schwester vergriff, rastete er aus, packte sein Bündel und trieb sich fortan lieber in den Straßen von L.A. herum. Dort lungerten zu dieser Zeit massenhaft Heavy-Metal-Musiker herum, die auf die große Chance warteten und von der Hand in den Mund lebten. Drogen, Sex und Alkohol gehörten zum Alltag dieser abgerissenen Freaks. William Bailey alias Axl Rose fühlte sich zwischen diesen jungen, zynischen, zerstörerischen

22

Existenzen in schwülen Clubs, dreckigen Bars, heruntergekommenen Wohnungen und der immerwährenden Sonne Kaliforniens wesentlich wohler als in seinem biederen, bigotten Zuhause in Indiana.
Auf irgendeiner Fixer-Party lernte er schließlich Izzy Stradlin kennen, mit dem er sich drei Jahre lang mühsam über Wasser hielt. Anfang 1985 traf das Duo Duff McKagan, der gerade aus Seattle/Washington nach L.A. gepilgert war, um Bassist zu werden, und schon einige Erfahrung in Seattles Punkbands wie Fartz und Ten Minute Warning gesammelt hatte. Schließlich stießen noch Rob Gardner und ein gewisser Tracii Guns dazu. Zusammen gründeten Duff, Rob, Tracii, Izzy und Axl eine Gruppe, die sie zunächst Hollywood Rose, dann L.A. Guns nannten. Kurzzeitig hieß die Band auch AIDS und Heads Of Amazon. Sie hausten in einem Dreckloch am Sunset Boulevard ohne Küche und Bad, das sie gleichzeitig auch als Übungsraum für ihre Band benutzten.
Schließlich einigte sich das Quintett auf einen Mischmasch aus allen Namens-Kreationen: Guns N' Roses.
Um musikalisch Fuß zu fassen, hatte eine Heavy-Metal-Band nur eine Wahl: Sie mußte den Besitzer eines der Szene-Clubs schmieren. Da Axl und Izzy weder Geld hatten noch sich von irgend jemandem etwas vorschreiben lassen wollten, veranstalteten sie einfach ihre Auftritte in ihrer eigenen Bude am Sunset Boulevard. Diese Konzerte gerieten regelmäßig zu ausgeflippten Partys, bei denen der Whiskey in Strömen floß, die Mädchen ihre T-Shirts auf die improvisierte Bühne warfen, haufenweise Drogen den Besitzer wechselten und schließlich bis weit in den nächsten Tag hinein die Schnapsleichen herumlagen.
Die Kunde von den wilden Partys der Gunners verbreitete sich wie ein Lauffeuer, und die Band wurde so bekannt, daß Duff kurzerhand eine Tour durch die Clubs entlang der Westküste plante. Kurz vor Start verließen Rob Gardner und Tracii Guns die Gruppe. Es mußte also kurzfristig Ersatz gefunden werden. Duff organisierte Steven Adler und Saul Hudson, der sich in der Szene nur Slash nannte und Gitarre spielen konnte wie der Teufel. Die beiden waren die Überbleibsel der lokalen Band Roadcrew, bei der

Duff kurze Zeit Baß gespielt hatte. Slash stammte ursprünglich aus England – er ist der Sohn eines Briten und einer schwarzen Amerikanerin.
Von seinem neuen Freund inspiriert, tauschte auch William Bailey seine bisherige, für ihn wenig akzeptable Persönlichkeit einfach gegen eine neue aus: Er nannte sich fortan W. Axl Rose, abgekürzt WAR wie Krieg. Dieses Pseudonym schien seiner wahren Persönlichkeit besser gerecht zu werden.
Ihren ersten Auftritt in dieser neuen Besetzung hatten Guns N' Roses im Club Troubadour. »Es war an einem Donnerstag, und wir hatten nur zwei Tage geprobt«, erinnert sich Slash. Die gemeinsame Anfangszeit bezeichnen die Gunners heute als die absolute »Hungerhölle«. Ihre Wohnung tauften sie zynisch »The Hellhouse«. »Wir versuchten mit 3,75 Dollar pro Tag auszukommen«, erzählt Axl. »1,50 für 'ne Suppe mit Brot und den Rest für 'ne Flasche billigen Rotwein oder anderen Fusel. Aber eine Party war jederzeit angesagt.« »Ich fickte Mädchen, nur um bei ihnen wohnen zu können«, erinnert sich Slash grinsend. »Ja, Girls waren unsere einzige Einnahmequelle«, bestätigt Steven.
Sie traten auf, wo sie nur konnten, und endlich, am 16. März 1987, schafften sie es auf die Bühne des legendären Szene-Clubs Whiskey A Go Go, wo Guns N' Roses das Publikum mit einem musikalischen Gemisch aus wildem Punk, Hot Metal und Speed zur Raserei brachte. Abgemagert bis auf die Knochen, die Haare zu wilden Mähnen toupiert, die Beine in knallengen Lederhosen, die schwitzenden Oberkörper nackt, gelang es W. Axl Rose und seiner Band zum ersten Mal, die negative Energie der Szene, die zuerst mit Bierflaschen auf die Newcomer zielte, in puren Enthusiasmus umzuwandeln. Das Ereignis erinnert an die Geburtsstunden der Rolling Stones oder der Sex Pistols.

Die Hoffnung des Rock'n'Roll – Der erste Erfolg

Schließlich lernten die fünf Heavy-Metal-Newcomer Vicky Hamilton kennen, die die Jungs bei sich wohnen ließ und sie mit durchschleppte. »Sie konnte manchmal ihre Miete nicht bezahlen, weil sie jeden Dollar dafür ausgab, uns einen Start zu ermöglichen«, erzählte Slash. Vicky Hamilton hatte Beziehungen zur kommerziellen Musikszene und ermöglichte den Gunners nicht nur Auftritte in den einschlägigen Clubs, sondern organisierte ihnen auch ein Studio, in dem sie ihre erste EP Lies einspielen konnten. Laut ihrer Erzählungen gab es sogar mehrere Plattenfirmen, die sich für die EP interessierten und Guns N' Roses einen Vertrag anboten.
Schließlich unterschrieben die fünf bei Geffen Records. Doch kaum hatte Vicky den Gunners diesen Plattenvertrag besorgt, wurde die erste Guns N' Roses-Managerin fristlos entlassen. Der folgende Prozeß war nur der Anfang einer langen Reihe von Gemeinheiten und gerichtlichen Auseinandersetzungen, die die Band für ihre Ex-Mitglieder im Laufe ihrer Karriere bereithielt. Die EP Lies wurde ein Flop, und erst mit dem Debütalbum Appetite For Destruction starteten Guns N' Roses aus den Kaschemmen von L.A. zu einer Weltkarriere, wie sie nur wenigen Rockbands beschieden ist.
Doch bevor diese LP erschien, ließen die Gunners erst mal in einer limitierten Auflage von 10 000

Stück die Maxi-Single Live?! Like A Suicide pressen. Auf dem Cover war zu lesen: »All denen, die uns halfen, am Leben zu bleiben. Unseren Freunden, die uns auf der Straße und bei Konzerten unterstützten.«

Am 31. Juli 1987 erschien schließlich weltweit das Album Appetite For Destruction. Axl, Izzy, Duff, Steven und Slash zogen aus dem Hellhouse in einen Holzbungalow in Santa Monica um, wo es sich besser arbeiten ließ.

Bis ihr Debüt in den amerikanischen Top 100 auftauchte, vergingen noch zehn ganze Monate. Doch in Los Angeles war man bereits sichtlich stolz auf das Quintett. Man jubelte sie zu den ersten legitimen Nachfolgern der seit 15 Jahren erfolgreichen L.A.-Rockband Aerosmith hoch. »Wir sind die einzige echte Rockband aus L.A!« tönte Slash. »So was wie uns hat man seit zehn Jahren nicht mehr gesehen«, verkündete Axl. »Mötley Crüe war eigentlich nur Teenie-Metal«, urteilte Izzy. Aber es war nicht nur die Musik, die Guns N' Roses so überaus populär werden ließ, es war das Feeling von Schweiß, Freiheit und Männlichkeit, das auch die Marlboro-Werbung so erfolgreich macht.

Ihre Texte handelten vom Überleben im Großstadtdschungel, von Drogen, Sex, Mädchen und Rebellion, kurz: von Rock'n'Roll. Mit Slogans wie »Frisch vom Entzug« warben die Gunners für ihre Konzerte, und in jeder Stadt warteten die fünf Rocker mit einem anderen Skandal auf.

Anfang 1988 schnellte das Album Appetite For Destruction endlich in die Charts und setzte sich auf Anhieb in den Top 5 fest, wo es sich ganze 80 Wochen lang hielt. Kein Wunder: Die exzessiven Auftritte der Gunners, ihr Ruf, der ihnen von Stadt zu Stadt vorauseilte, ihr ganzer unangepaßter Lebensstil machten sie zu Heroen einer Teenie-Generation, die mit Gesundheitswahn, gepflegtem Pop und dem täglichen Überlebenskampf in Busineß und Großstadt total überfrachtet war. Plötzlich waren da doch tatsächlich fünf Jungs, die einfach das taten, was sich noch nicht einmal mehr die Teenies in Kinofilmen trauten. Elternverbände und Lehrerorganisationen demonstrierten denn auch gegen das Zelebrieren dieses exzessiven, degenerierten Lebensstils und verboten ihren Kindern das Tragen von Gunners-Shirts in der Öffentlichkeit. Das Guns N' Roses-Debüt wurde in den Plattengeschäften boykottiert, weil auf dem Cover ein Mädchen von einem Roboter vergewaltigt wurde. Doch diese ganzen Verbote, Aufregungen und Schlagzeilen machten das Album für die Kids erst recht interessant.

Ganze sechsmillionenmal verkaufte sich Appetite For Destruction im folgenden Jahr. Guns N' Roses tourten mit Aerosmith und traten schließlich für eine Gage von einer runden Million Dollar viermal im Vorprogramm der Stones auf. Das Destruction-Album, mit dem dieser gigantische Höhenflug begonnen hatte, hatte inzwischen Platz 1 der amerikanischen BILLBOARD-Charts erreicht. Die Single-Auskopplung Sweet Child O' Mine, die Axls damaliger Freundin und späterer Ehefrau Erin Everly, der Tochter von Don Everly von den Everly Brothers, gewidmet war, landete ebenfalls auf Platz 1. Hunderttausende von Jugendlichen konnten sich

endlich
wieder mit jeman-
dem identifizieren, der so ver-
wirrt und wütend, so unausgeglichen und wild war wie sie selbst. Keine cleane Fassade verheimlichte, daß diese Jungs soffen, prügelten und fixten, weil sie mit dem Leben nicht fertig wurden. »Wir bluten und schwitzen für diesen Erfolg, tun eine Menge Dinge, für die andere Bands schon längst einen Stuntman beauftragt hätten«, erklärte Slash und zeigte seine Hände, die er sich im ekstatischen Konzert-Rausch tatsächlich blutig gespielt hatte. Kurz vor ihrer 1988er Tournee im Vorprogramm von Aerosmith schickte das Management Slash zum Entziehungsurlaub nach Hawaii. »Ich habe es gehaßt«, erinnert sich Slash.

GUNS N ROSES
W. AXL ROSE

Guns N' Roses sind:

W. Axl Rose

Geboren: am 6. Februar 1962
Geburtsort: Lafayette/Indiana
Geburtsname: William Bailey. Während seiner Zeit in Los Angeles legte sich Axl das Pseudonym W. Axl Rose zu. Abgekürzt ergeben seine Initialen WAR = Krieg.
Größe: 1, 76 Meter
Gewicht: 68 Kilo
Familie: Sein Vater starb, als Axl noch zur Schule ging. Seine Mutter Sharon heiratete später L. Stephen, der Axl und seinen Bruder Stuart adoptierte. Axl selbst ist geschieden von Erin Everly, der Tochter von Don Everly von den Everly Brothers. Seine derzeitige Freundin ist das Top-Model Stephanie Seymour.
Musikalische Vorbilder: Frank Sinatra, Eagles, 10 CC, Nazareth, NWA, Ice-T.
Frühere Bands: Hollywood Rose, L.A. Gun.

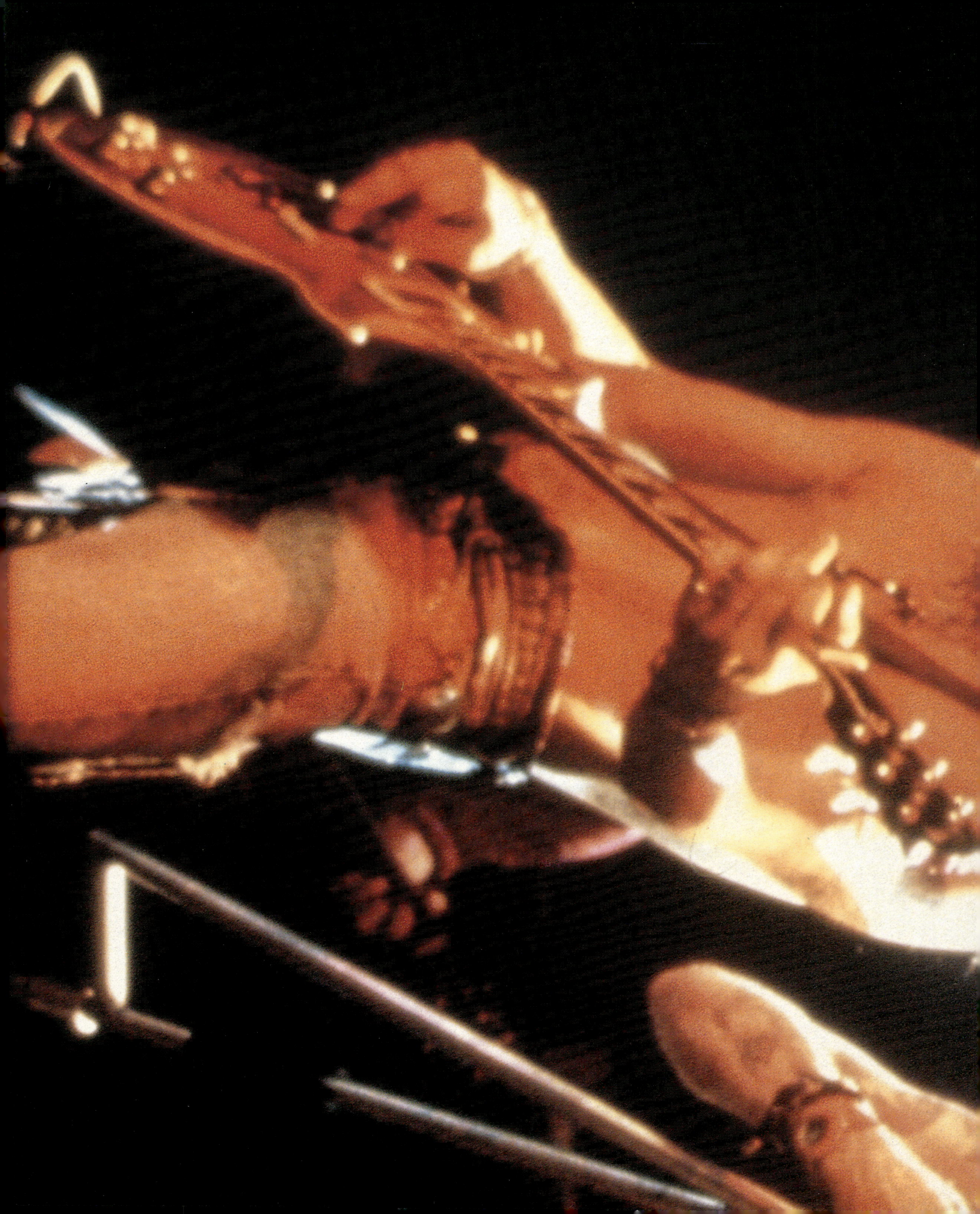

Slash

Geboren: am 23. Dezember 1965
Geburtsort: Stoke-On-Trent/England
Geburtsname: Saul Hudson.
Benannte sich in Slash um, als er nach Los Angeles kam.
Größe: 1, 78 Meter
Gewicht: 70 Kilo
Familie: Sein Vater Anthony ist Brite.
Seine Mutter Ola ist Amerikanerin und arbeitet als Designerin.
Slash hat im Oktober 1992 seine Freundin Renee geheiratet.
Früher lebte er mit der Soft-Porno-Darstellerin Lois Ayres zusammen.
Musikalische Vorbilder:
Aerosmith, Lenny Kravitz, Alice Cooper, Sex Pistols, AC/DC.
Frühere Bands: Roadcrew, London, Hollywood Rose.

Duff McKagan

Geboren: am 5. Februar 1966
Geburtsort: Seattle/Washington
Geburtsname: Michael McKagan
Größe: 1,86 Meter
Gewicht: 85 Kilo
Familie: Hat acht Geschwister, die alle Musiker sind. Mehr verrät er nicht.
Duff ist geschieden von Mandy Brix.
Musikalische Vorbilder:
Kiss, Metallica, Faith No More.
Frühere Bands:
Roadcrew, Hollywood Rose, Fartz, Ten Minute Warning, diverse Punk-Gruppen.

»Es gab nichts zu tun«, erzählt Slash von der Entziehungskur. »Ich hasse es, nicht auf Tour zu sein.« Nach der Tournee, Ende 1988, hatten Guns N' Roses sechs Millionen verkaufter LPs und mit Paradise City, Welcome To The Jungle, Patience und Sweet Child Of Mine vier Top-Ten-Singles vorzuweisen. Von da an mußten die Gunners nicht mehr im Vorprogramm von irgend jemandem auftreten. Sie waren selbst die Stars.

Und was für welche. Tausende Fans stürmten überall auf der Welt ihre Konzerte. Den berüchtigten Londoner Marquee-Club schafften sie ebenso spielend wie die Clubs in L.A. Sogar das Management der Gunners war überrascht, wieviel Disziplin diese versoffenen Helden doch aufbringen konnten. »Die dachten, wir würden die erste Woche nicht überstehen«, lachte Izzy. »Da muß man schon einen schizophrenen Lebensstil pflegen«, gab Slash zu. »Auf der einen Seite der Rock'n'Roller, der die Hotelzimmer zertrümmert, und auf der anderen Seite der Star, der sich nach ganz bestimmten Plänen richten muß.« »Aber es macht süchtiger als jede Droge, da oben auf der Bühne zu stehen«, erklärte Izzy das Stehvermögen der Gunners.

Bei ihrem Auftritt beim Rockfestival im britischen Donington erreichte der Wirbel um Guns N' Roses schließlich seinen Höhepunkt: Zwei Fans wurden bei dem Spektakel, zu dem mehr als 100 000 Menschen angereist waren, zertrampelt.

Slash: »Ich habe viel über diesen Vorfall nachgedacht, und ich bin nicht bereit, irgendeine Verantwortung dafür zu übernehmen. Ich habe mich damals gefragt, ob wir den Eltern der beiden Kids etwas schreiben sollten, aber ich denke nicht, daß man das diesen Leuten hätte zumuten können. Die wollen keine Sprüche von irgendeiner einfältigen Rockband, von der sie noch nie gehört haben.«

Die größte Rockband der 80er Jahre – Mega-Erfolge

Während der folgenden drei Jahre machten Guns N' Roses nur noch mit ihren unglaublichen Eskapaden, ihrem verdorbenen Image und ihren Prozessen von sich reden. Musikalisch zehrten sie nach wie vor von den Hits ihrer ersten LP. In Atlanta wurde Axl auf der Bühne verhaftet, weil er einen Sicherheitsbeamten attackiert hatte, der einem Freund ohne ersichtlichen Grund, wie Axl betonte, in den Hintern getreten hatte. Nachdem Axl eine Geldstrafe bezahlt hatte, wurde er für das nächste Konzert in Philadelphia wieder freigelassen, geriet dort aber erneut in die Fänge der Polizei, als er sich handfest mit einem Parkhauswächter anlegte, der seinen Bruder Stuart angeblich bedroht hatte. In Chicago prügelte er sich an einer Hotelbar, weil ihn ein Gast mit dem Soft-Rocker Bon Jovi verglichen hatte. Izzy Stradlin wurde zu einer Geldstrafe von 5000 Dollar verdonnert, weil er im Flugzeug in einen Aschenbecher gepinkelt hatte. In Hamburg verprügelten Duff und Izzy den Schlagzeuger der Band Faster Pussycat und warfen ihn in einen Aufzug. Bei einem Barbecue erschoß Axl

kurzerhand ein Schwein und schlug einem Girl, das ihm auf die Nerven fiel, eine Weinflasche über den Kopf.
Nach dem unglaublichen Erfolg der Destruction-LP konzentrierten sich Axl, Slash, Izzy, Duff und Steven nicht etwa darauf, sich musikalisch weiterzuentwickeln. Im Gegenteil – sie mieden das Studio, das man ihnen zur Verfügung stellte, und gaben sich voll und ganz einem Leben zwischen Jack Daniels und Heavy-Metal-Kultur hin. Mit unglaublicher Egozentrik zelebrierten sie ihre Auftritte in der Öffentlichkeit und dachten gar nicht daran, die Mädchen, die ihnen in Scharen zu Füßen lagen, gegen Mikrofon, Gitarre und Schlagzeug einzutauschen. Also mußte Geffen Records anderweitig für Nachschub sorgen. Die Flop-EP Lies wurde wiederveröffentlicht und landete diesmal prompt in den Top Ten sämtlicher Charts.

Währenddessen stellten Guns N' Roses für den Tom-Cruise-Film »Days Of Thunder« eine Cover-Version von Bob Dylans Song Knockin' On Heavens Door auf die Beine, die ebenfalls in den internationalen Charts landete. Slash bediente zwischen zwei Entziehungskuren mal für Lenny Kravitz, mal für Michael Jackson und mal für Alice Cooper die Gitarre. Man sah die Band schon irgendwo im Schlamm von Drogen und Größenwahn und musikalischen Eintagserfolgen langsam in Vergessenheit geraten.
»Ich erreichte schließlich einen Punkt, wo ich aufhörte, Gitarre zu spielen, und mit keinem Menschen mehr sprach, außer mit Izzy, der selbst an der Nadel hing«, erinnert sich Slash. »Drei Monate lang verließ ich mein Apartment fast nie. Das, was mich schließlich herausriß, war ein Anruf von Duff, der mir sagte: ‚Uns allen bist du völlig fremd geworden.' Da die Jungs die einzigen Menschen waren, die mir je etwas bedeutet hatten, raffte ich mich wieder auf.« Dieser unglaubliche Zusammenhalt innerhalb der Band wird von Freunden und Mitarbeitern der Gunners oft beschrieben. »Keiner hat da Zutritt«, bemerkte zum Beispiel einmal ein Roadie.

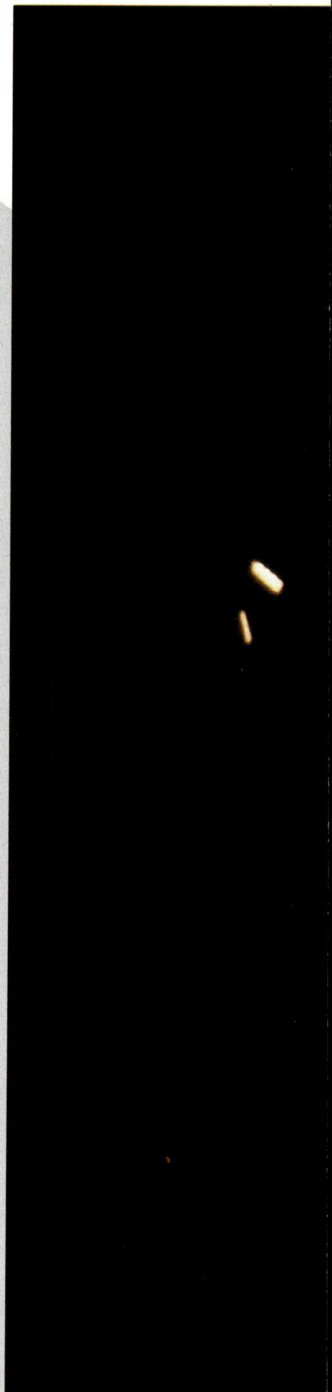

Kaum jemand sah einen der Gunners in diesen Erfolgsjahren 1988|89 je nüchtern. »Nachmittags, wenn wir aufstanden, konnten wir nicht spielen, weil unsere Hände zitterten wie Espenlaub«, verrät Slash. Einzig Axl hielt sich beim Rauchen und Trinken zurück und rührte keine Drogen an. »Ich muß auf meine Stimme achten«, begründete er achselzuckend. Dafür hielt der ausgerastete Sänger Fans und Presse mit seinen irren Eskapaden mit Gesetzeshütern und Gerichten in Atem. »Für Axl war eine Party erst dann zu Ende, wenn mindestens die Polizei anrollte«, erinnert sich der Biograph Paul Elliott, der die Band damals begleitete.

Doch irgendwann mußten sich Guns N' Roses wieder aufraffen und ins Studio gehen. Ewig konnten sie von ihrem Image nicht leben. Und lange würden ihre Körper dieses Leben auch gar nicht mehr verkraften. »Ich weiß heute, wenn ich mein Limit überschritten habe, ziehe ich mich zurück und reinige mich total«, erklärt Slash. Anfang 1990 war nicht nur der Punkt gekommen, wo die Gunners ihre Körper reinigen, sondern wo sie auch innerhalb der Band aufräumen mußten. »Wir waren so lange auf Tour gewesen, und als wir endlich nach Hause kamen, waren wir Megastars. Als sie uns nach der Tour in die Freiheit entließen, wußte ich nicht, wo ich hingehen sollte«, gesteht Slash.

Steven Adler mußte die Band verlassen. Sofort marschierte der geprellte Drummer vor Gericht und behauptete, er sei von den anderen Bandmitgliedern rauschgiftsüchtig gemacht und schließlich zum Heroin-Handel gezwungen worden. »Wir haben uns wirklich Mühe gegeben mit Steven«, erzählte Slash in einem Interview mit ME/Sounds. »Er war immer der kleine Junge der Band und machte einen drauf. Er konnte nicht verstehen, daß man als Junkie nicht in einer Rockband spielen kann. Du mußt auf dich selbst aufpassen können und kannst dich nicht dauernd darauf verlassen, daß dir jemand den Hintern abwischt. Als Steven nach einem Jahr immer noch nichts begriffen hatte und im Studio nichts auf die Reihe kriegte, mußte er eben gehen.« Für Steven Adler übernahm Matt Sorum von The Cult die Trommelstöcke bei Guns N' Roses. Slash: »Ich fühl' mich immer noch nicht gut damit, aber Matt hat der Band einen neuen Kick gegeben.« Auch Izzy Stradlin, Axls ältester Freund und gleichzeitig Songschreiber der Band, mußte wenig später gehen. Insider vermuteten, daß die Band jetzt zerbrechen würde, doch Axl meinte.: »Izzy war scharf auf die Ergebnisse meiner Vision: Geld und Macht. Izzys eigene Vorstellungen waren viel kleinkarierter. Ich halte die Band eigentlich zusammen, aber damit alle an einem Strang ziehen, mußt du manche Leute manchmal glauben lassen, daß manche Ideen

von ihnen stammten.« Izzy wandelt heute mit seiner Band Ju Ju Hounds auf Solopfaden.
Schließlich begannen die Gunners in neuer Besetzung mit W. Axl Rose, Slash, Duff McKagan, Matt Sorum und Gilby Clarke, der von Kill For Thrills zur Band kam und Izzy ersetzte, an neuen Songs zu arbeiten. Das Ergebnis waren 30 nagelneue Songs, die entgegen anderer Erwartungen wieder das Zeug zu Hits hatten. Veröffentlicht wurde das Ganze auf zwei LPs, die getrennt verkauft wurden. Ein genialer Schachzug, der in der Musikszene seinesgleichen suchte. Titel des Monumentalwerks: Use Your Illusions I und II. Schon Ende 1991, als die beiden Alben mit Pauken und Trompeten angekündigt wurden, setzte in den USA der Sturm auf die Plattenfirma ein. Mit 4,2 Millionen Exemplaren wurden dort die meisten Vorbestellungen für eine LP in der gesamten Rockgeschichte getätigt. Als die LPs dann endlich in den Regalen standen, meldeten einige Plattengeschäfte eine regelrechte Plünderung. In New York teilte ein Geschäft mit, die Platten seien in einer halben Stunde gut 1500mal verkauft worden. Nach zwei Jahren Arbeit an den Songs hatten die Gunners es geschafft, den Neandertaler-Rock ihrer ersten LP so zu verfeinern, daß die Kritiker von einem großen Werk der Musikgeschichte schwärmten. Nach den Stones für die 60er Jahre und den Sex Pistols für die 70er sah man in Guns N' Roses die Musik-Heroen der 80er Jahre.
Die erste Single-Auskopplung landete genauso in den Charts wie die Singles Live And Let Die, eine Cover-Version des McCartney-Songs, und das Monumentalwerk November Rain, das Musikkenner der Geschichte schon heute als Rockklassiker ansehen. Selbst die seriösesten Kritiker mußten zuge-

ben: Die Musik dieser Band war das Beste, was die Rockszene seit gut zehn Jahren geboten hatte. Das Jugend-Trendblatt PRINZ jubelte 1992 nach der Veröffentlichung der beiden Platten Use Your Illusion I und II: »Dieses Album zählt zu den herausragenden Rockplatten der frühen 90er. Diese 30 Songs gehören zu den ehrlichsten Statements, die eine klassische Rockband heute abgeben kann.«

Kein Wunder: Guns N' Roses hatten alles durchgemacht, was eine Band erleben kann – Hunger, Mißerfolg, Exzesse, Mega-Erfolge, persönliche Rückschläge, Angriffe, Neid, Haß, Liebe und Enthusiasmus.

In der erwachsenen Öffentlichkeit riefen die Texte von Use Your Illusions I und II wieder Entsetzen hervor. Verbote, Boykotte und Demonstrationen folgten. Die amerikanische Presse deklarierte die Gunners zum Staatsfeind Nr. 1. Die Kids jedoch liebten die Platten. Ganze 14 Millionen Exemplare gingen weltweit über die Ladentische der Plattengeschäfte.

Im Mai 1992 starteten Guns N' Roses zu einer zweiten Welttournee, die die Erfolge der ersten Tour weit in den Schatten stellen sollte. Sie sprengten sämtliche Rekorde für Kartenverkäufe in Deutschland, England und den USA.

Das berühmte Londoner Wembley-Stadion brach fast aus den Nähten, als die Gunners dort beim Live-Spektakel zu Ehren von Freddie Mercury auftraten. Im Rahmen dieses Massen-Ereignisses sang Axl zusammen mit Pop-Star Elton John den Queen-Klassiker Bohemian Rhapsody.

1992 spielte die Band weltweit 184 Gigs vor mehr als drei Millionen Fans. Sie traten gemeinsam mit den Heavy-Giganten Metallica auf und tourten mit Faith No More. Nach nur kurzer Verschnaufpause brachen sie im Februar 1993 bereits wieder zu einer 23-Städte-Tour durch die USA auf. Im Vorprogramm: Ex-Queen-Gitarrist Brian May mit seiner neuen Band.
Im Laufe der letzten sechs Jahre waren Guns N' Roses zur umstrittensten Band seit den Sex Pistols deklariert worden. Ihre Vergangenheit als verlotterter Straßen-Haufen, die sie schonungslos vor der Öffentlichkeit ausbreiteten, und ihr unstillbarer Durst nach Abenteuer, Alkohol und schmutzigen Exzessen, den sie hemmungslos auslebten, lieferten ständig Stoff für Schlagzeilen. »Es gibt massenhaft Leute, die in Verbindung mit diesem ganzen dekadenten Scheiß weitaus schlimmer sind als

wir«, meinte Gitarrist Slash 1988 in einem Interview mit dem Metal Hammer.
»Die Presse mag so etwas. Das ist reine Sensationsgier. Hinzu kommt, daß momentan jeder auf dem Gesundheitstrip ist, seinen Körper trainiert, Vitamine nimmt, weder raucht noch trinkt. Wir sind das genaue Gegenteil davon. Wir schockieren die Leute. Wir sind gegen die Norm. Rock'n'Roll bedeutet Rebellion und Spaß, Rock'n'Roll bedeutet Freiheit. Das ist der Grund, warum so viele Leute ihn lieben und warum er so lange existiert. Wenn du dieses Feeling nicht hast, kannst du keinen Rock'n'Roll spielen, kannst die Flamme nicht länger leuchten lassen. Rock'n'Roll-Lifestyle ist natürlich auch eine tolle Ausrede, um nicht arbeiten zu müssen oder sich um seine schlechten Noten kümmern zu müssen. Es ist einfach toll, diese Rock'n'Roll-Einstellung zu haben und sich um nichts kümmern zu müssen, auf der anderen Seite bedeutet es aber auch, daß du verdammt hart arbeiten und versuchen mußt, so gut wie möglich zu sein.« Und das war Guns N' Roses absolut gelungen.
Slash im Gespräch mit dem Metal Hammer: »Ihr kennt doch den Spruch: You Sell Your Soul For Rock'n'Roll? Das ist wahr. Ich habe so gut wie alles dafür aufgegeben. Ich beklage mich nicht darüber. Du siehst deine Familie nicht mehr, kannst keinerlei Beziehungen pflegen und hast niemals einen geregelten Tagesablauf. Was mich betrifft, ich finde das toll, aber es gibt eine Menge Leute, denen es zeitweise sehr schwer fällt, damit fertig zu werden. Ich bin zu 110 Prozent in dieses Business verwickelt, und ich war niemals in der Lage, mich davon trennen zu können.«

DISKOGRAPHIE

DISKOGRAPHIE
DISKOGRAPHIE
DISKOGRAPHIE
DISKOGRAPHIE
DISKOGRAPHIE

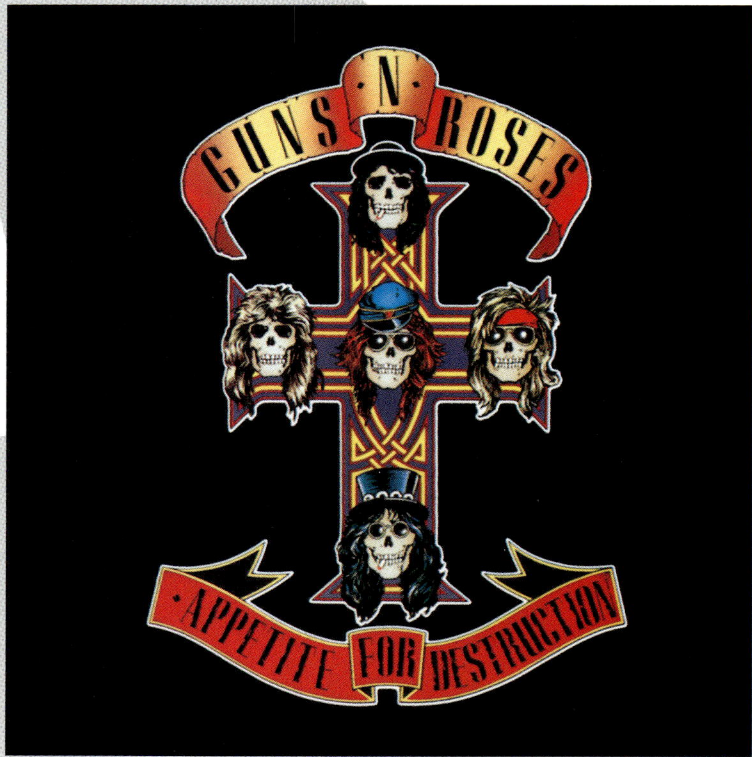

1987: Appetite For Destruction

Welcome To The Jungle/ It's So Easy/ Nightrain/ Out Ta Get Me/ Mr. Brownstone/ Paradise City/ My Michelle/ Think About You/ Sweet Child O' Mine/ You're Crazy/ Anything Goes/ Rocket Queen.

1988: Lies

Reckless Life/ Nice Boys/ Move To The City/ Mama Kin/ Patience/ Used To Love Her/ You're Crazy/ One In A Million.

1991: Use Your Illusion I

Right Next Door To Hell/ Dust N' Bones/ Live And Let Die/ Don't Cry/ Perfect Crime/ You Ain't The First/ Bad Obsession/ Back Off Bitch/ Double Talkin' Jive/ November Rain/ The Garden/ Garden Of Eden/ Don't Damn Me/ Bad Apples/ Dead Horse/ Coma.

1991: Use Your Illusion II

Civil War/ 14 Years/ Yesterdays/ Knockin' On Heaven's Door/ Get In The Ring/ Shotgun Blues/ Breakdown/ Pretty Tied Up/ Locomotive/ So Fine/ Estranged/ You Could Be Mine/ Don't Cry/ My World.

... und eines der vielen „inoffiziellen" Alben der Band:

1991: Guns N' Roses – Live In Nobesville, Indiana USA 6/91

Next Door To Hell/ Mr. Brownstone/ Bad Obsession/ Dust And Bones/ Patience/ Civil War/ 14 Years/ Live And Let Die/ It's So Easy/ Rocket Queen/ November Rain/ Knockin' On Heaven's Door/ Perfect Crime/ Estranged/ Sweet Child O' Mine/ Welcome To The Jungle/ Paradise City/ Free Falling/ Heart Break Hotel.

FUCKIN'
BIRTHDAY
YOU FUCKER